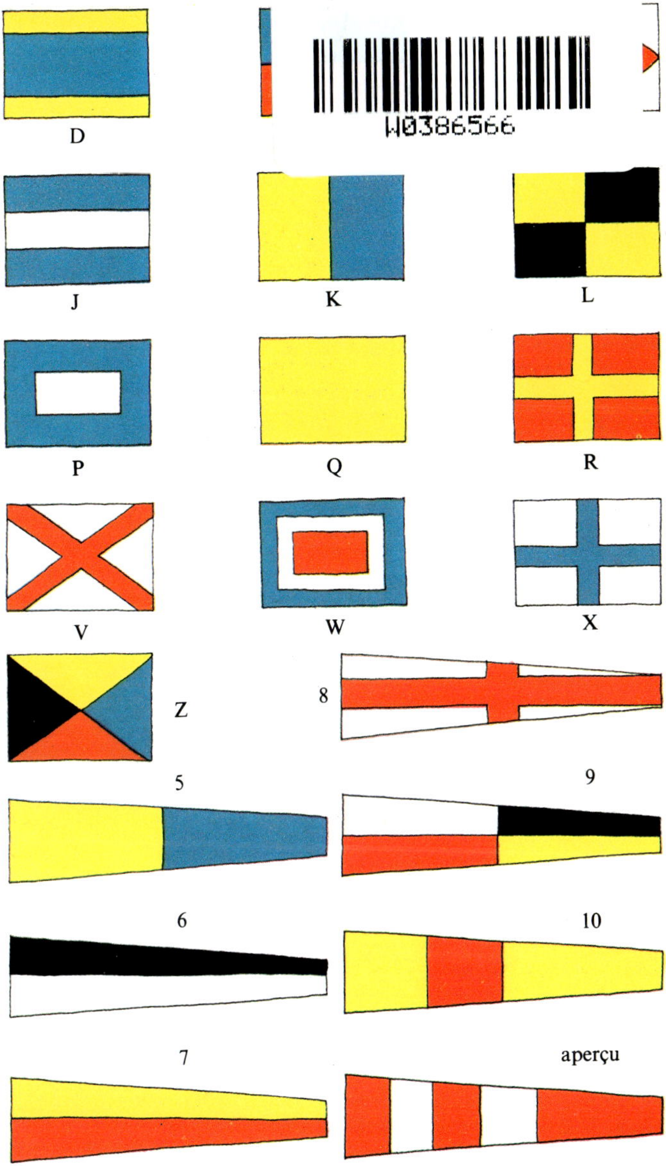
D
J
K
L
P
Q
R
V
W
X
Z
8
5
9
6
10
7
aperçu

Dans la même collection
Le plaisir des mots
Le livre de tous les pays
Le livre de la Bible
(Ancien et Nouveau Testaments)
Le livre de la mythologie grecque et romaine
Le livre des religions

1 Le livre des fleurs
2 Le livre de la tour Eiffel
3 Le livre de la peinture et des peintres
4 Le livre des découvertes et des inventions
5 Le livre de l'hiver
6 Le livre de l'automne
7 Le livre du printemps
8 Le livre de l'été
9 Le livre des marins
10 Le livre de mon chat
11 Le livre de la montagne
12 Le livre du ciel
13 Le livre de tous mes amis
14 Le livre de tous les jours
15 Le livre du cheval
16 Le livre des chansons de France
17 Le livre de Paris (1/Naissance d'une capitale)
18 Le livre des premiers hommes
19 Le livre des costumes (La mode à travers les siècles)
20 Le livre des maisons du monde
21 Le livre des arbres
22 Le livre des oiseaux
23 Le livre des bords de mer
24 Le livre de la langue française
25 Le livre de l'histoire de France
26 Le livre de tous les Français
27 Le livre des trains
29 Deuxième livre des chansons de France (de France et d'ailleurs)
30 Le livre du fleuve
32 Le livre du corps
34 De bouche à oreille (Le livre des images de la langue française)
35 Troisième livre des chansons de France
36 Le livre des uniformes
37 Le livre des grands voiliers
38 Le livre des fous volants (Histoire de l'aviation/1)
39 Le livre de la forêt
40 Le livre des champignons
41 Le livre des conquérants (Découverte du monde/1)
42 Le livre du livre
43 Le livre du désert
47 Le livre des amphibiens et des reptiles
48 Le livre des as et des héros (Histoire de l'aviation/2)
49 Le livre du chien
50 Le livre des navigateurs (Découverte du monde/2)
51 Le livre du café
52 Le livre des instruments de musique
54 Le livre des pilotes de l'enfer (Histoire de l'aviation/3)
55 Le livre des mammifères marins
57 Le livre des explorateurs (Découverte du monde/3)
58 Le livre des animaux domestiques
60 Le livre des insectes

ISBN: 2-07-039537-5

1er dépôt légal: Mai 1987
Dépôt légal: Février 1990. Numéro d'édition: 48727
Imprimé par la Editoriale Libraria en Italie

LE LIVRE DES GRANDS VOILIERS

DECOUVERTE CADET GALLIMARD

Jean-Michel Barrault
illustrations
Tommy Berglund
mises en couleurs par
Vincent Ferlito et Hervé Quenolle

GALLIMARD

Les mâts geignent sous les voiles,
Doucement,
Et bercent dans le gréement
Les étoiles.

Et le roulis est si doux,
Si tranquille,
Que le pont semble immobile
Devant nous,

Et qu'à travers le ciel libre,
Au vent frais
Où l'écheveau des agrès
Tremble et vibre,

On dirait que, dans l'air bleu,
Oscillante,
C'est toute la nuit qui, lente,
Roule un peu...

Fernand Gregh

CE LIVRE APPARTIENT A Michèle Vargas

La naissance du voilier

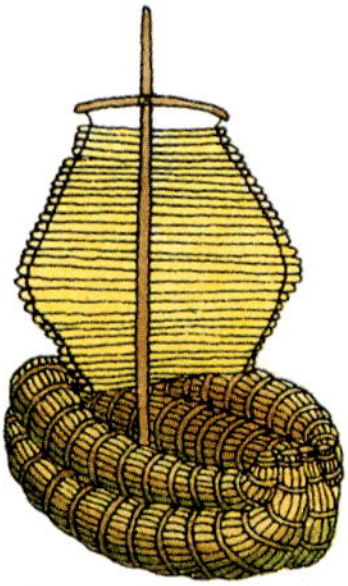

Embarcation du lac Titicaca. La coque est faite de roseaux liés en bottes. Sous sa voile unique, elle ne peut se déplacer qu'au vent arrière.

La première voile

Un homme paresseux et génial, fatigué de pagayer, dresse une branche d'arbre avec ses ramures et ses feuilles et laisse au vent le soin de pousser sa pirogue : c'est ainsi qu'est né, voici plus de 5 000 ans, le premier voilier.

L'image la plus ancienne qu'on connaisse d'un bateau à voile vient d'Egypte. Elle représente une pirogue en papyrus, sorte de roseau utilisé dans ce pays qui manque de bois. Aujourd'hui, on trouve encore des bateaux construits avec des roseaux liés sur le lac Titicaca, en Amérique du Sud.

Le multicoque

Lorsque les hommes disposaient de gros arbres, ils creusaient leur canot dans un tronc. Comme ces pirogues chavirent aisément, ils les équilibraient au moyen d'une grosse branche formant une seconde coque : c'est la pirogue à balancier, ancêtre du catamaran.

Dans certaines îles, de telles embarcations sont encore propulsées de nos jours à l'aide d'une palme de cocotier lorsque le vent vient de l'arrière. L'assemblage de la structure est assuré par des cordages en lianes.

Pirogue à balancier : une seconde coque, légère, assure la stabilité et compense la pression du vent sur la voile.

Ils dressèrent le mât et les voiles sur le vaisseau noir, passèrent les rames dans les courroies de cuir le long des bordages, mirent tout en place et déployèrent les voiles blanches.

Homère

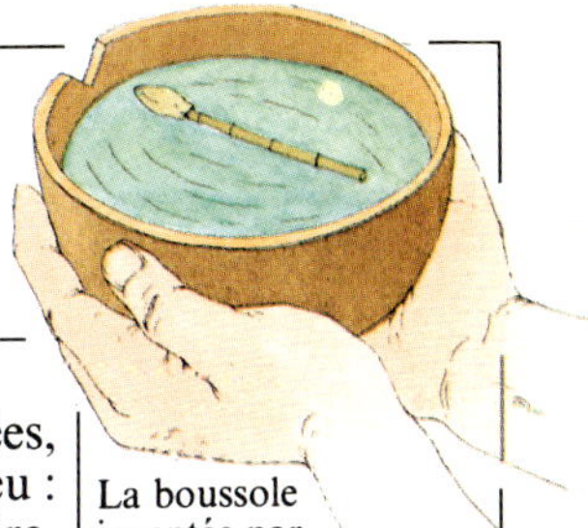

La voile carrée

Pendant plusieurs milliers d'années, le gréement des voiliers évolue peu : sur un mât situé vers l'avant du navire, une voile carrée se déploie lorsque le vent est favorable. Quand la brise est contraire, les marins carguent – roulent – la voile et avancent grâce aux avirons.

La boussole inventée par les Chinois puis adoptée par les Arabes est utilisée en Europe dès le XIVe s. : simple aiguille aimantée collée sur un disque de carton gradué et posé en équilibre sur un pivot vertical. Plus tard, on immergea l'aiguille dans l'eau afin de stabiliser les mouvements.

Vaisseau d'Ulysse, héros de l'antiquité, 1200 ans av. J.-C. Le timonier se sert d'un aviron en guise de gouvernail. La voile est ferlée pour marcher contre le vent. L'œil peint à l'avant guette les dangers et intimide l'ennemi.

La galère

Et quand parut Aurore aux doigts de rose, qui naît de grand matin, on se mit d'abord à tirer les nefs dans la mer brillante...

Homère

Pour la guerre

Pour avancer par vent calme ou contraire, les navires de l'antiquité utilisent des rames : les plus grands bateaux portent plusieurs rangées de rames. Ce sont les galères. La dière grecque, à deux rangs de rame, est dirigée par un grand aviron de queue, prolongée à l'avant par une figure de proue. Les Phéniciens, eux, dotent leur galère de combat d'une étrave amovible qu'ils laissent plantée dans le flanc du vaisseau ennemi.

Les rameurs sont des esclaves ou des condamnés.

Dière de combat. Les premières voiles sont faites de peaux cousues. L'avant est prolongé par un rostre, un éperon. Les combattants se protègent dans un abri en végétaux tressés. La plus grande galère jamais construite, *Syracuse* (256 av. J.-C.), portait dix rangs de rames, manœuvrées par mille galériens. Ce monstre n'a pratiquement jamais navigué.

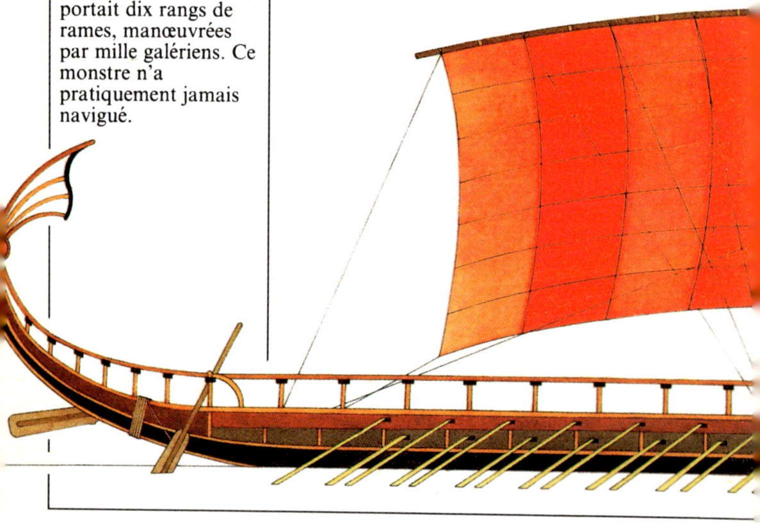

Pour le commerce

Au Ve siècle av. J.-C., le commerce est actif en Méditerranée : les navires transportent, d'une côte à l'autre, toutes sortes de cargaisons - vin, huile, animaux, blé.

Un grec, Byzas, fonde une ville, Byzance, dans le détroit du Bosphore qui donne accès à la mer Noire. Elle devient le symbole de la prospérité. Par la suite, elle prit le nom de Constantinople puis d'Istamboul.

Les navires sont tous d'un type similaire, avec une voilure qui sert surtout d'auxiliaire.

Ventru et haut sur l'eau, le navire de commerce grec possède une vaste cale remplie de minerais, de sacs de céréales ou encore d'amphores empilées et imbriquées sur trois ou quatre couches. Son arrière est très relevé afin de l'échouer facilement sur la plage, et son pont est encombré d'une longue passerelle qui sert à débarquer et à embarquer les marchandises.

... on dressa mâts et voilures dans les vaisseaux bien équilibrés ; les équipages embarqués prirent place devant les tolets[1], et assis en rang, ils frappaient de leurs rames la mer grise.

Homère

1. Chevilles qui servent de point d'appui aux avirons.

La vie quotidienne sur les voiliers de l'antiquité

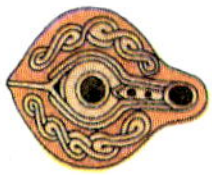

Dans l'antiquité, la navigation se pratique plutôt pendant la belle saison bien que, pour des raisons commerciales ou militaires, il ne soit pas rare que des navires entreprennent des expéditions durant les mois d'hiver.

Ce bateau est conçu pour un équipage de trois hommes.

Reconstitution d'une cuisine vue de la poupe. Les aliments sont cuits sur un foyer posé sur des briques d'argile.

Coupe transversale d'une trière montrant la disposition des rameurs.
Ceux de la rangée supérieure sont assis sur un poste-en-dehors au-dessus du bastingage.

Petit à petit, au fil des siècles, une importante économie maritime se développe en Méditerranée. Organisée autour d'un réseau dense de cabotage, elle s'articule principalement autour du marché des céréales, comme le blé cultivé en Egypte, en Asie Mineure et dans le sud de la Russie, et celui des minerais. L'étain provient de l'Angleterre et de la Gaule via Gibraltar, le plomb d'Espagne, le cuivre de Chypre, le fer d'Etrurie et de la mer Noire. D'ouest en est, de nombreux ports

Première représentation d'une dière (700 av. J.-C.).

comme Carthage, Marseille, Syracuse, Corinthe, Tyr et Sidon régulent ce trafic et le font converger, selon les époques, vers Athènes, Alexandrie ou Ostie, le port de Rome. Pourtant, sur une mer Méditerranée sillonnée en tous sens par tant de navires marchands et de galères armées, il faut attendre la fin du premier siècle avant J.-C. pour que la « Paix Romaine » impose sa loi aux pirates et aux pillards de tout accabit qui rançonnent et pillent les bateaux et les flottes de rencontre.

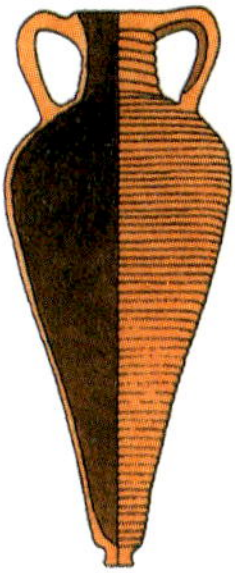

Amphore à vin.

Pichet en terre cuite.

Le drakkar

Au cours des dix premiers siècles de notre ère, les Scandinaves ont parcouru la mer à bord d'immenses pirogues à voile, les drakkars, mesurant plus de vingt mètres de long. Une tête de dragon, amovible, se dresse sur la proue ; la poupe évoque la queue : drakkar signifie dragon. Le drakkar est construit à clin : son bordage, constitué de planches, se recouvre comme les ardoises d'un toit. Le gouvernail est latéral. La voile carrée, de petite taille par rapport à la dimension du navire, autorise une vitesse de 9 à 10 nœuds. Le mât, planté sur la quille, peut être abaissé ou relevé.

La tapisserie de Bayeux relate la bataille de Hastings remportée sur les Anglais, en 1066, par Guillaume le Conquérant. Les navires de Guillaume le Conquérant - Normand descendant des Vikings - sont directement inspirés des drakkars.

A bord de leurs drakkars, les Vikings traversent l'Atlantique jusqu'en Amérique, colonisent l'Islande et le Groenland, envahissent la Normandie, remontent la Seine, vont jusqu'en Russie. Le faible tirant d'eau de ces navires les aide à remonter les rivières et à franchir des chutes ou passer sur un autre fleuve. Les Vikings transportent sur la terre ferme leurs embarcations au poids relativement faible en les faisant rouler sur des troncs d'arbres.

Le mât du drakkar est mobile.

L'été venu, Eric partit pour coloniser le pays qu'il avait découvert et qu'il appelait le Pays Vert [Groenland], parce que, selon lui, les gens auraient grande envie de venir dans un pays qui avait un si beau nom.

La Saga d'Eric le Rouge

Pour ramer, les Vikings s'assoient sur leurs coffres de marin. Si, pour passer les avirons, les plus grands navires possèdent des trous de nage, les unités moins importantes sont équipées de tolets en bois recourbés.

Le gouvernail, le lest, la quille

Au cours du XIIe siècle, dans l'Europe du nord, le gouvernail d'étambot remplace progressivement l'aviron de gouverne latéral. Fixé à la poupe, il pivote comme une porte sur ses gonds. Cette innovation, tout en facilitant la manœuvre des navires, modifie leur silhouette ; l'arrière des bateaux se redresse et prend du volume. Des gouvernails de ce type existent toujours sur les bateaux de pêche traditionnels.

Disposer d'un voilier plus facile à manœuvrer, qui porte bien sa voilure et remonte contre le vent, c'est le souhait de tout marin, et c'est dans ce but qu'a progressé toute la conception des navires à travers les siècles.

Cependant la lune se lève
Et l'esquif en sa course brève
File gaiement sur l'eau qui rêve.

Paul Verlaine

Le gouvernail

Diriger un navire à l'aide d'un aviron est malaisé et peu efficace. Le gouvernail avec sa barre apparaît à partir du XIIIe siècle.

Le lest

Sous l'effet d'un vent latéral, un voilier risque de se coucher et de chavirer. Un poids placé très bas dans la coque, le lest, équilibre la pression du vent.

La dérive

Une coque plate glisse en travers sur l'eau si le vent vient de côté ou de l'avant. Une quille s'enfonçant assez profondément dans l'eau l'empêche de dériver et permet d'avancer dans la direction voulue.

La première reproduction connue d'un gouvernail d'étambot sur les fonts baptismaux de la cathédrale de Winchester, en Angleterre, vers 1180.

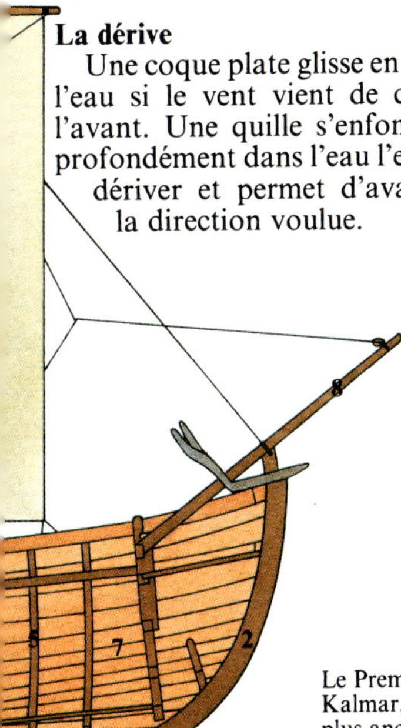

Le Premier Navire de Kalmar, Suède, le plus ancien navire doté d'un gouvernail, date de 1250 environ.

La méthode de construction des navires en bois n'a guère varié au cours des siècles.

1/Pièce de quille
2/Etrave
3/Gouvernail
4/Varangue
5/Membrure
6/Lisse
7/Bordé
8/Beaupré
9/Vergue

L'évolution des gréements

Brassons bien partout carré
Nous sommes plein vent arrière.

Chanson de marin

Les voiliers primitifs, portant une voile carrée sur un mât unique placé à l'avant, ne marchaient qu'au vent arrière. Si le vent était contraire, on amenait – descendait – la voile pour avancer à l'aviron ou on attendait que le vent tourne. Au cours des siècles, les marins et les constructeurs ont tenté d'améliorer la marche contre le vent et d'imaginer des systèmes plus faciles à manier.

La voile latine

En basculant vers l'avant la vergue - pièce de bois placée horizontalement sur le mât - soutenant la voile carrée, et en coupant la voile en triangle, on obtient la voile latine d'un rendement très supérieur pour aller contre le vent.

La trière constitue, au Ve siècle, le gros des forces navales. Essentiellement destinée à la guerre, elle est manœuvrée par cent soixante-quatorze rameurs. Son mât unique peut porter deux types de voiles de lin : une petite pour les combats et une grande pour les traversées vent arrière.

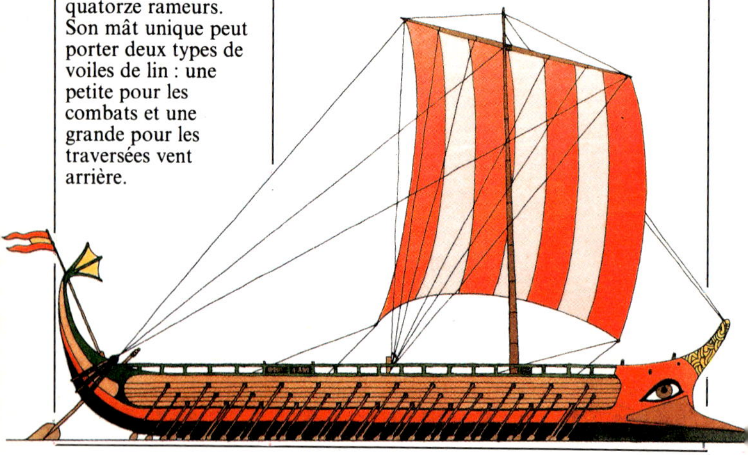

Trois-mâts goélette à voiles auriques. Cette voile de forme quadrangulaire est établie derrière le mât. Son bord supérieur est tenu par une vergue appelée corne.

L'apport des croisades

Les croisades et les expéditions maritimes du XIIe au XIVe siècle font connaître aux marins d'Occident les gréements des bateaux du Levant et la voile latine. La division en plusieurs mâts diminue la surface de chaque voile qui devient plus facile à manier, et améliore l'équilibre du navire.

Le gréement longitudinal

A partir du XVIe siècle, apparaissent les voiles auriques, placées derrière le mât et bordées – déployées – dans l'axe du bateau.

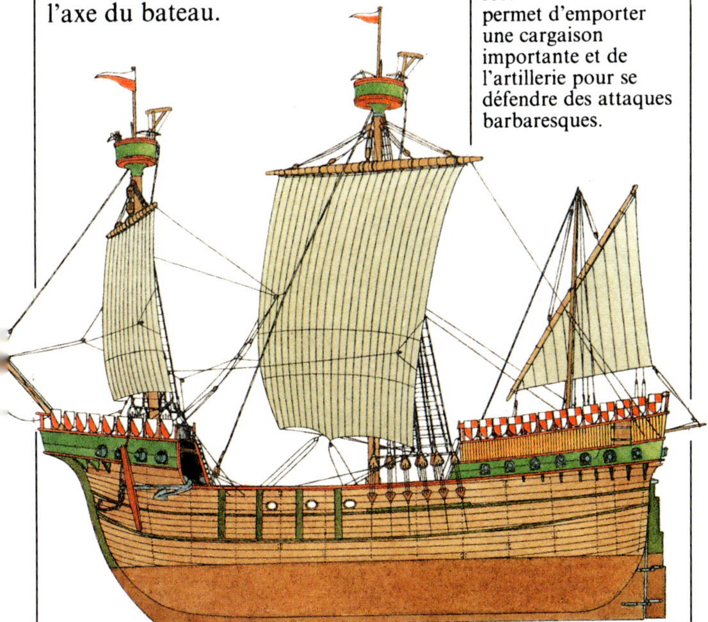

La caraque devient, dès le milieu du XVe siècle, le prototype du navire de haute mer. Portant à l'arrière une voile latine appelée la bonaventure, son fort volume lui permet d'emporter une cargaison importante et de l'artillerie pour se défendre des attaques barbaresques.

Du combat singulier à la bataille navale

Avant l'invention de la montre, à la fin du XVe siècle, le nocturnal permettait de connaître l'heure en observant la position des étoiles.

Lors des premiers combats sur l'eau, la tactique était sommaire car les navires lents manœuvraient difficilement. Ils s'abordaient et les hommes s'affrontaient un à un à coups de massue et d'épée. Des archers envoyaient des flèches sur les ennemis. Imitant les défenses habituelles à terre, ces nefs arboraient des sortes de châteaux forts pourvus de créneaux, comme des donjons. Les nids de pie, à l'image des nids d'oiseaux, installés en tête de mât servaient non seulement à guetter l'ennemi, mais aussi à faire pleuvoir des projectiles sur le pont du bateau adverse ou des flammèches pour l'incendier.

Les combattants portaient des casques et des armures : s'ils tombaient à l'eau, ils avaient bien peu de chance de surnager.

Canon du XVe siècle.

Le canon

L'invention du canon modifie la stratégie sur les mers. Les navires marchands s'arment pour se protéger des pirates. Sur les bateaux de guerre, les canons de chasse sont placés à l'avant, ceux de fuite à l'arrière, mais c'est sur le côté qu'il est possible d'installer le plus grand nombre de bouches à feu.

Le vaisseau de guerre doit bien manœuvrer pour se placer en position favorable et tirer sa bordée de boulets.

En escadre, les amiraux de la flotte transmettent leurs ordres au moyen de pavillons.

Avant le chronomètre (XVIIe s.) les marins ne disposent que de sabliers pour mesurer le temps. Remplis de coquilles d'œuf pilées, il en existe de trois heures, d'une heure, d'une demi-heure et des tout petits, les « ampoulettes », d'une demi-minute.

Jusqu'au XVe siècle, avant l'apparition d'une artillerie embarquée efficace, le combat naval peut se résumer en une seule manœuvre : l'abordage.

L'art de la navigation

Henri le Navigateur (1394-1480), roi du Portugal, a consacré sa vie à l'étude de la navigation.

La hauteur du soleil au-dessus de l'horizon permet au marin de se situer sur l'océan. Pour mesurer cette hauteur, le navigateur utilise l'arbalète, ou bâton de Jacob.

L'astrolabe, ancêtre du sextant, fonctionne de la même manière que le bâton de Jacob.

Pour envoyer leurs navires explorer le monde et conquérir ses richesses, dès le XVe siècle, les souverains du Portugal d'abord, puis d'Espagne, font appel à des savants, des cartographes, des astronomes. Le but de ces expéditions vers l'inconnu est scientifique mais aussi politique et financier : il faut conquérir l'or, les pierres précieuses, les soieries, les épices. La légende affirmait qu'au-delà de l'horizon gisaient de fabuleuses richesses :

De Palos, de Moguer, routiers et capitaines
Partaient, ivres d'un rêve héroïque et brutal.
Ils allaient conquérir le fabuleux métal
Que Cipango mûrit en ses mines lointaines
Et les vents alizés inclinaient leurs antennes
Au bord mystérieux du monde occidental.

José Maria de Heredia

Oh ! combien de marins, combien de capitaines
Qui sont partis joyeux pour des courses lointaines,
Dans un morne horizon se sont évanouis !

Victor Hugo

Les marchands

L'appât du gain a joué un grand rôle dans la découverte du monde. Les marchands arment des navires que des capitaines audacieux conduisent vers les pays lointains. Lorsque les expéditions, longues et dangereuses, réussissent, les marchands réalisent des profits considérables. Marseille, Bordeaux, Nantes, Lorient, Saint-Malo ont prospéré grâce à ce commerce.

L'un des vaisseaux de la flotte de Jacques Cœur. La fortune de ce marchand était évaluée au cinquième de celle du roi de France, Charles VII.

Jacques Cœur (1395-1456).

« Kraek » ou caraque, peinte en 1470 par un artiste hollandais. De tels navires allaient chercher le poivre sur les côtes d'Afrique.

Santa Maria
1492

De petite taille, la caravelle présente des avantages par rapport aux plus gros navires de l'époque. On peut l'armer à peu de frais et, grâce à son faible tirant d'eau, s'approcher des côtes sans trop de risques et même remonter le cours d'un fleuve.

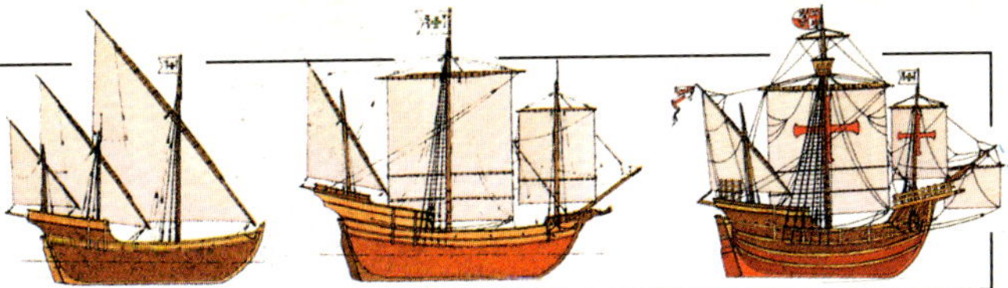

Les caravelles

Au XVe siècle, apparaît un navire marchand : la caravelle. En 1492, le Génois Christophe Colomb arme trois caravelles, la *Santa Maria*, la *Pinta* et la *Nina*, bâtiments mesurant moins de vingt-six mètres. Son but : atteindre les Indes en faisant route vers l'ouest. C'est la vigie de la *Nina,* qui, après deux mois de traversée, aperçoit le premier la terre : l'Amérique !

Christophe Colomb (1446-1506) et ses caravelles.
De gauche à droite : la *Nina*, la *Pinta* et la *Santa Maria*.

Blason remis à Christophe Colomb par les Espagnols à titre d'amiral de la mer océane.

Saint-Gabriel
1497

Neuf ans après que Bartolomeu Dias a doublé le cap de Bonne-Espérance (en 1488), Vasco de Gama débarque aux Indes. Il venait de longer la côte orientale du sud au nord de l'Afrique. Le roi Manoël le fait « Seigneur de la conquête, de la navigation et du commerce en Ethiopie, en Arabie, en Perse et aux Indes ».

Allons-nous-en,
mon frère,
allons-nous-en,
Le monde vaut la
peine d'être vu.

Nazim Hikmet

La route des Indes

A bord de la caravelle *Saint-Gabriel*, Vasco de Gama quitte Lisbonne, en 1497. Ce capitaine de 37 ans commande une flotte de trois voiliers qui met le cap au sud et contourne l'Afrique. Elle essuie une violente tempête et doit faire escale pour réparer. Vasco de Gama atteint enfin les Indes.

Lorsqu'il revient à Lisbonne, après deux ans de voyage, il rapporte de l'or, des soieries, des pierres précieuses, des épices, des parfums. Il monte une deuxième, puis une troisième expédition. Au nom du roi du Portugal, il s'empare d'une partie des Indes et y établit des comptoirs.

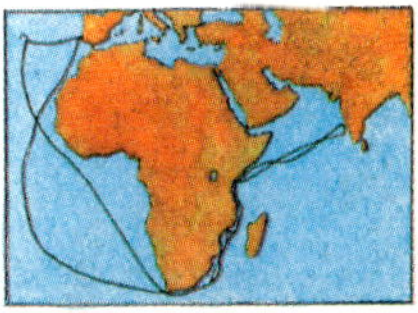

La route suivie par le *Saint-Gabriel*, de 1497 à 1499, pour le premier voyage aux Indes Orientales.

Lors de son premier voyage, après avoir relâché en baie de Sainte-Hélène, Vasco de Gama double le cap de Bonne-Espérance, remonte au nord vers le Zambèze, le Mozambique puis, avec l'aide de pilotes arabes, atteint le continent indien à Gao et Calicut. La route maritime des Indes est ouverte.

Le portugais Pedro
Alvarez Cabral
s'était
embarqué à Lisbonne
en l'année 1500
Pour se rendre dans
les Indes
Orientales.
Des vents contraires le
portèrent vers
l'Ouest
et le Brésil fut
découvert

Blaise Cendrars

Victoria autour du monde
1519-1522

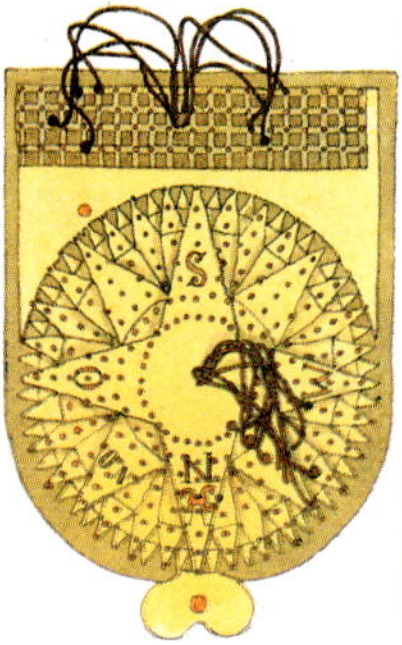

Le « renard », planchette en bois munie de trous dans lesquels le timonier enfonçait des fiches, servait à indiquer les caps qu'il suivait et la vitesse du navire.

Le détroit de Magellan

Le 20 septembre 1519, cinq caraques quittent Cadix : Fernand Magellan a pris le commandement de la flotte. Le but de l'expédition : le tour du monde et l'annexion par l'Espagne de tous les pays découverts, avec leurs richesses. Magellan embarque sur la *Trinidad.*

Après avoir longé la côte d'Amérique du sud, Magellan découvre le passage vers le Pacifique qui porte désormais son nom. Mais une partie de l'équipage se mutine et deux officiers sont exécutés. Tandis que le *San Antonio* rentre en Espagne, les obstinés découvrent un nouvel océan, si calme ce jour-là que Magellan le baptise « Pacifique ». La traversée dure quatre mois avec pénurie de vivres et d'eau

Victoria, le premier voilier à réaliser le tour du monde, était un bateau de dimension modeste.

Jacques Cartier (v. 1491-1557) prend possession du Canada, en 1534.

douce. Au cours d'une escale dans une île des Philippines, Magellan est tué par les indigènes. Seuls la *Victoria* et 19 marins sur les 265 embarqués achèveront le voyage, et le capitaine del Cano sera le premier à accomplir le tour du monde.

Sir Francis Drake (v. 1540-1596).

Un galion chargé d'or

Cinquante ans après Magellan, l'Anglais Francis Drake entreprend lui aussi le tour du monde et rencontre les mêmes difficultés que son prédécesseur : mutineries et flottille dispersée par la tempête. Sur la côte du Pacifique, Drake arraisonne un galion espagnol, *Notre-Dame de la Conception*. Surprise : les cales sont chargées de barres d'or et d'argent accumulées par les conquérants espagnols - les conquistadores - et, sur le pont, sont entreposés des coffres ornés d'émeraudes et de rubis.

Une plante nommée tabac, que fumaient les indigènes d'Amérique, fut découverte par Sir Francis Drake lors de son voyage autour du monde, de 1577 à 1580.

L'El Dorado

Les conquistadores avaient découvert les fabuleux « pays de l'or ». Après avoir pillé et massacré les indigènes, les marins repartent vers l'Espagne, les navires chargés d'or et de pierres rares. Beaucoup font naufrage et leurs cargaisons, qui reposent au fond de la mer, font rêver les chercheurs de trésor.

A l'issue de la circumnavigation - le tour du monde - de Drake, la reine Elisabeth l'annoblit et l'arme chevalier.

Réale
1571

Don Juan d'Autriche, à l'âge de 25 ans. Il commandait la flotte de la Sainte Ligue.

Embarqué à bord de la galère la *Réale*, Don Juan d'Autriche commande une flotte de 200 galères, de 6 galéasses et de 100 voiliers postés en arrière-garde : cette flotte formidable, constituée à la demande du pape Pie V, défend les pays d'Occident

Grande galère gréée de trois voiles latines.

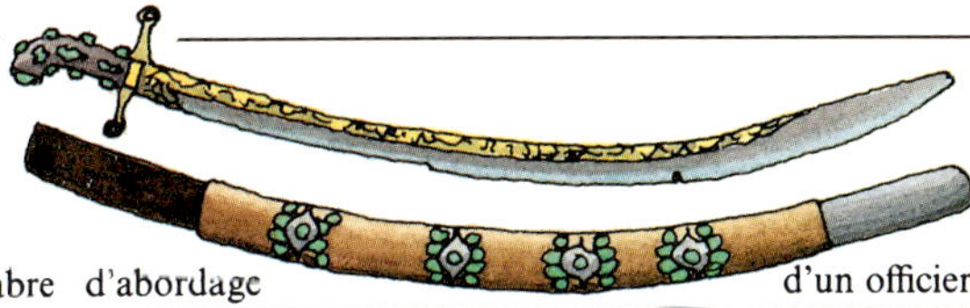

Le sabre d'abordage d'un officier turc.

catholiques contre les musulmans d'Orient qui menacent d'envahir l'Europe. Le 25 août 1571, les catholiques affrontent, à Lépante, les 250 navires de la flotte turque. La bataille est terrible. L'amiral turc, Ali Pacha, et quelques hommes, parviennent à monter sur la *Réale*. Il s'ensuit un véritable corps à corps. Acculé, Ali Pacha se suicide. Les catholiques remportent la victoire.

A Lépante, 3 000 turcs sont tués, 12 000 esclaves chrétiens enchaînés sur les galères sont libérés.

Soldat de la garde du corps du sultan Selim II en coiffure de parade.

Ainsi voit-on souvent un
vaillant Empereur
Ayant perdu son camp
n'avoir perdu le
cueur,
Mais encore sanglant
redonner la bataille.

Jacques Grévin

Le vaisseau prend tournure

XVIe siècle

Dans le courant du XVIe siècle, les coques prennent du volume et annoncent déjà les vaisseaux de l'avenir. Pourtant, l'art de la construction navale reste sommaire : pour renforcer les coques, les charpentiers rivent des sortes de membrures extérieures qui ne facilitent guère la progression. Cependant, l'ancre a déjà acquis la forme encore en usage aujourd'hui, et son cablot passe par une ouverture, l'écubier.

Les canons pointent à travers des sabords percés dans le bordage. Le château arrière abrite le logement des officiers. Les marins dorment à l'avant.

A l'arrière, une ancre est à poste : ces voiliers manœuvrent difficilement et s'aident de leur mouillage.

Artimon et civadière

Le gréement comporte un artimon trianglulaire à l'arrière et, tout à l'avant, débordée par le beaupré, une petite voile, la civadière : ces deux voiles sont indispensables pour équilibrer le navire et faciliter ses manœuvres.

Les marins grimpent dans la mâture au moyen d'échelles de cordage, les enfléchures, et parviennent ainsi jusqu'au nid de pie d'où ils peuvent voir arriver l'ennemi ou apercevoir la terre.

Les géographes et les pilotes dressent les premières cartes marines qui demeurent secrètes, enfermées dans des coffres. Mais après les grands voyages de Colomb, de Magellan ou de Vasco de Gama, il ne s'agit plus de connaître seulement quelques routes maritimes mais les océans du globe entier. Mercator, géographe du duc de Clèves, invente alors une représentation cartographique du monde, savante et précise.

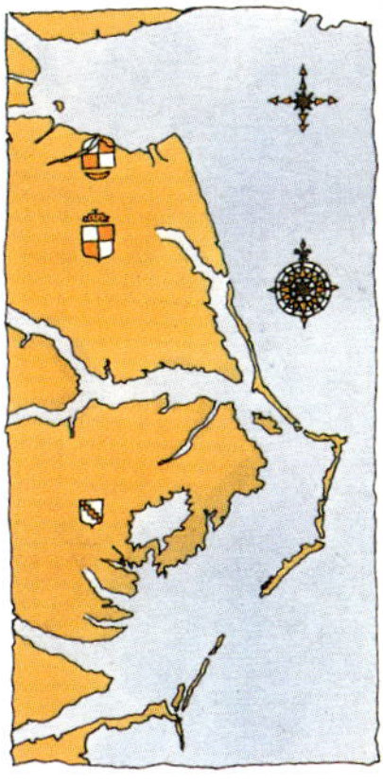

Carte du XVIe siècle représentant les côtes de Virginie.

Le galion
XVIe siècle

Né peut-être en Espagne, le galion compose, au cours du XVIe siècle, la plupart des flottes des pays d'Europe. C'est un navire gréé de trois ou quatre mâts qui sert à explorer les mers et à transporter les richesses des pays conquis. Armé, il devient navire de combat. Plus fin que la caraque à laquelle il succède, il peut mesurer une quarantaine de mètres, trente à la quille, pour dix mètres de large. L'une de ses caractéristiques est la partie saillante, près de l'étrave, appelée coltis, qui facilite la manœuvre de la voile. Près de la moitié du bâtiment, à l'arrière, est surmontée d'un imposant château.

La construction se fait par tradition
En moins de deux cents ans, le voilier a entrepris une évolution plus profonde qu'au cours des cinq mille années précédentes, plus radicale aussi que celle qui allait se poursuivre pendant les trois cent cinquante années à venir.
La construction navale n'était pas encore une science. On s'efforçait de copier les bateaux qui s'étaient révélés de bons bâtiments.

Björn Landström

Avec le galion, équipé de canons dont l'efficacité ne cesse d'augmenter, le combat naval évolue. Désormais, l'abordage n'est plus le seul moyen d'engager le combat. La lutte commence dès que les navires sont à portée de boulet.

L'Espagne règne sur les mers. L'or du Pérou s'entasse dans ses coffres.

La déroute de l'Invincible Armada

1588

Gardons la mer, rempart de l'Angleterre, et l'Angleterre alors, sera gardée par la main de Dieu.

Refrain populaire anglais

Soldat espagnol de l'Invincible Armada

L'Espagne est au faîte de sa puissance et projette, soutenue par le pape Sixte Quint, d'envahir l'Angleterre afin de restaurer dans ce pays anglican la religion catholique gravement menacée par l'exécution de la reine catholique d'Ecosse, Marie Stuart.

Le roi Philippe II arme une flotte formidable composée de 131 bateaux : 20 caraques dont les imposants châteaux avant et arrière ont encore été surélevés, 8 navires de guerre, 44 navires marchands réquisitionnés dans tout l'empire, et divers navires de servitude parmi lesquels on trouve des hourques — voiliers gréés en trois-mâts munis d'une coque ventrue — pour transporter les vivres, et des pataches, petits voiliers éclaireurs très agiles qui transmettent les messages d'un navire à l'autre et protègent les hourques lors des combats. 8776 hommes d'équipage et 21 855 soldats embarquent tandis que l'artillerie aligne 2 431 canons. Le commandement est confié au duc de Medinia Sidonia.

Les vaisseaux anglais plus maniables

Le 21 juillet, l'Invincible Armada approche des côtes britanniques. Les navires anglais, commandés par Francis Drake – que les Espagnols surnomment « le chef pirate du monde inexploré » – sont beaucoup moins nombreux : 54 seulement. Mais Hawkins, le chef des services de l'Amirauté anglaise, les a transformés quel-

que temps auparavant : il a réduit la hauteur des châteaux avant et arrière censés impressionner l'ennemi et d'où les combattants envoyaient des projectiles, mais qui alourdissaient les hauts, freinaient l'allure et rendaient les navires ingouvernables par mauvais temps.

Jouant de leur nouvelle souplesse et rapidité, les bateaux anglais harcèlent les galions espagnols. Medinia Sidonia doit replier ses vaisseaux sur Calais.

Dauphin en bronze doré, retrouvé dans l'une des épaves de l'Invincible Armada.

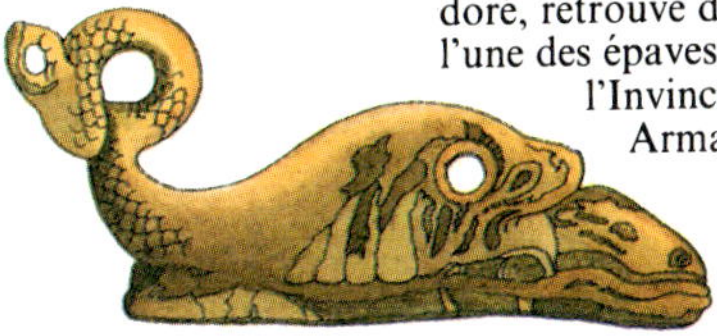

Des brûlots incendient l'Armada

Tandis que les restes de l'Invincible Armada stationnent devant Calais, le vent tourne au sud-ouest. Les Anglais en profitent : ils lancent huit chalands enflammés qui incendient les vaisseaux espagnols. Pour échapper aux navires de Drake qui bloquent la Manche, les rescapés de l'Armada remontent la mer du Nord, contournent les Iles Britanniques et l'Irlande. Beaucoup feront naufrage.

Cette déroute, due aux meilleures qualités marines des navires anglais, marque la fin de la domination espagnole.

Une caravelle espagnole et deux des navires britanniques, *Griffin* et *Dolphin*.

Médaille commémorant la victoire de l'Angleterre sur l'Armada. Portrait d'Elisabeth Ire.

Au revers, le laurier résistant à la foudre symbolise la force : « Aucun danger ne peut l'atteindre ».

Mayflower
1620

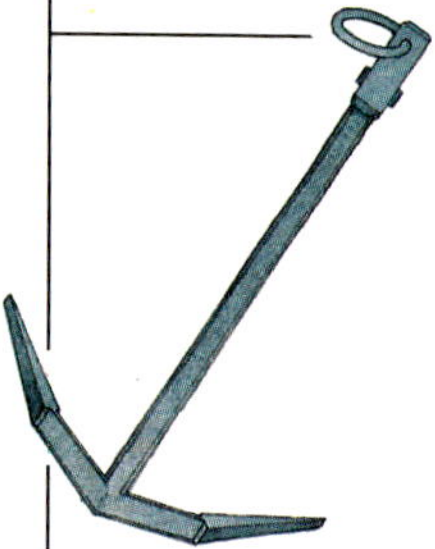

Ancre du XVIIe siècle. Ce modèle est encore utilisé aujourd'hui.

Le 6 septembre 1620, le trois-mâts *Mayflower* quitte Plymouth, en Angleterre, pour l'Amérique. A son bord ont pris place 73 hommes et 25 femmes de religion puritaine. Ils vont fonder, près du cap Cod, une colonie qui aura pour principe d'accueillir les opprimés et les défavorisés. Cette idéologie a fait des Etats-Unis une terre d'asile.

Etant ainsi contraints de quitter leur sol natal et leur pays, leurs terres et leur état et tous leurs amis et leurs connaissances, cela était beaucoup et étonnant aux yeux de la plupart. Mais aller dans un pays inconnu (sinon par ouï-dire) où ils devaient apprendre une langue nouvelle et gagner leur vie ils ne savaient comment - car c'était un endroit cher et sujet aux misères de la guerre, beaucoup y voyaient une entreprise désespérée, une situation intolérable, et une souffrance pire que la mort.

William Bradford

O Capitaine ! mon capitaine !
fini l'affreux voyage.

Walt Whitman

A bord du *Mayflower*, l'inconfort est extrême. Les passagers dorment où ils peuvent. Dans la cale, la cuisine (1), les tonneaux d'eau douce (2) et les caisses de vivres (3) (viande salée et biscuits). Abrité sous la dunette (4), l'homme de barre. Devant lui, le cabestan (5) qui sert à hisser les voiles.

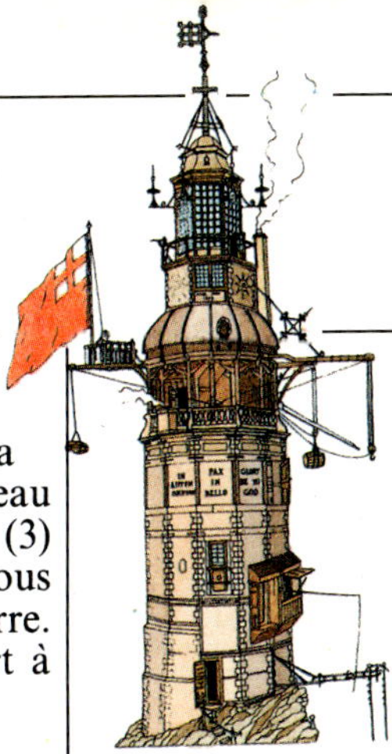

Au large de Plymouth, le premier phare d'Eddystone, en bois, construit en 1698.

1/Cuisine
2/Tonneaux d'eau douce
3/Caisses de vivres
4/Dunette,
5/Cabestan

La construction navale

Jusqu'au siècle dernier, tous les navires étaient construits en bois et la charpente érigée à partir d'une robuste pièce de quille prolongée par l'étrave - la proue - et par l'étambot - la poupe. Sur la quille se fixent les varangues (1) et les membrures (2), véritables côtes du bateau, tenues longitudinalement par des lisses (3). Les bordés, planches formées à la vapeur et rivées sur les membrures, constituent l'extérieur de la coque. L'étanchéité entre les bordés est assurée par des mèches d'étoupe : c'est le calfatage.

Des forêts entières furent sacrifiées pour la construction des navires.

Ils tenaient chacun à la main de vieux bouts de filin non commis qu'ils déchiquetaient avec une sorte de satisfaction stoïque pour faire de l'étoupe, celle-ci s'amoncelant à leur côté en petit tas. Ils accompagnaient leur tâche d'un chant continu, bas et monotone.

Herman Melville

L'abattage en carène

Pour réparer ou nettoyer la carène d'un navire - quille et flancs jusqu'à fleur d'eau -, il faut mettre la coque hors de l'eau. Dans les mers sans marée, les marins abattent en carène : à l'aide de palans reliés à la mâture, ils inclinent le navire jusqu'à ce qu'émerge un côté. Il est alors possible de remplacer un bordé pourri, de calfater, de gratter les algues et les coquillages, de repeindre.

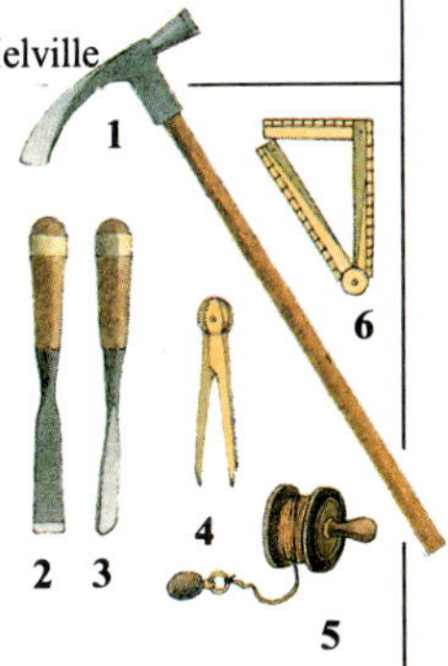

1/Herminette
2/Ciseau
3/Gouge
4/Compas
5/Cordeau
6/Règle pliante

Le *Wasa* appareille et coule
1628

Une tête de lion était sculptée sur chacune des embrasures du *Wasa* par lesquelles pointaient les canons.

Le 10 août 1628, en présence de la famille royale de Suède, le *Wasa*, un splendide trois-mâts, part de Stockholm pour son premier voyage. L'équipage hisse les voiles. Un coup de vent survient : le navire chavire et coule sous les yeux de la foule.

Chaque coque de chêne, si majestueuse et pourtant si rapide, resplendissait depuis l'éclat rougeâtre du cuivre qui revêtait les œuvres vives jusqu'au jaune citron du pont des batteries basses. Les poupes bariolées, les figures de proue sculptées et dorées, les vitres des hublots étincellaient et miroitaient.

Elisabeth Goudge

L'épave du *Wasa*, retrouvée en 1956 par des scaphandriers, est renflouée et placée dans un musée. L'examen de la coque apporte de précieux enseignements sur les techniques de la construction navale au XVIIe siècle. Long de 60 mètres, le trois-mâts pesait 1300 tonnes et portait 1200 m^2 de voilure. Le chavirage a résulté d'une construction trop lourde dans les hauts - partie supérieure du navire - du poids excessif des 48 pièces d'artillerie et d'un mauvais calcul de la stabilité. 133 marins et 300 soldats composaient l'équipage.

Le *Wasa* tel qu'il apparut pendant quelques instants à la foule.

Le *Wasa* devait être le plus beau fleuron de la marine suédoise.

...sur les pavois de poulaine ternis, apparaît en majestueuses capitales jadis dorées le nom du navire (...) dont chaque lettre était corrodée par les traînées de rouille qui avaient ruisselé des chevilles de cuivre, et sur lequel, telles des herbes funéraires, de sombres festons d'algues visqueuses se balançaient çà et là.

Herman Melville

L'artillerie

Dans les batteries

Dans les batteries, les canons sont disposés devant les sabords (1), ouverts seulement au moment du combat. D'abord en bronze, puis en fonte à partir du XVIIIe siècle, les canons se chargent par la bouche et tirent des boulets. La poudre est introduite dans la partie arrière par une lumière, ouverture qui sert aussi à la mise à feu. Le canon est posé sur un affût (2) en bois muni de tourillons (3) qui permettent de l'orienter en hauteur. Celle-ci se règle en introduisant

Un canon pointé à travers le sabord, vu en coupe.

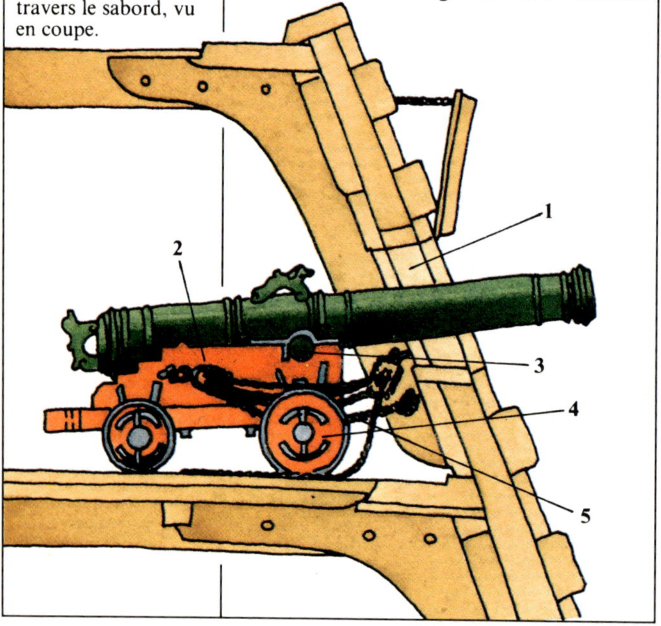

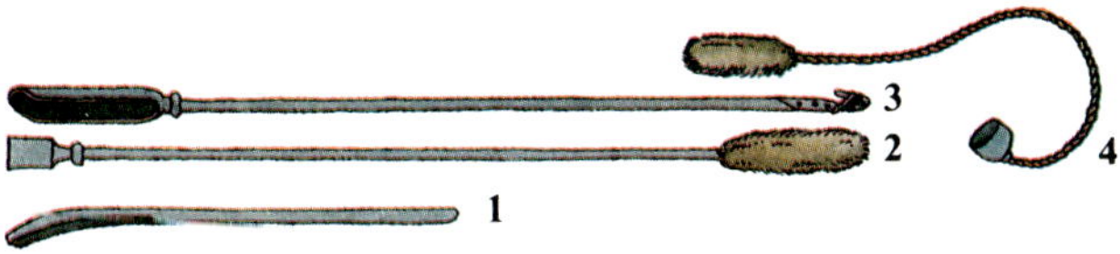

des coins en bois entre l'arrière de la pièce et le fût. Le recul est important : aussi monte-t-on les fûts sur des roues en bois (4), reliées à la coque par un fort cordage, la brague (5). Un palan permet de ramener la pièce en position de tir.

Les outils de l'artilleur :
1/Grattoir à main
2/Refouloir et écouvillon
3/Cuiller de bouche à feu
4/Refouloir et écouvillon flexibles

Les préparatifs et le combat

Tambours et sifflets annoncent le combat. Chacun prend son poste. On distribue les armes : mousquets, haches d'armes, piques et poignards. Dans les batteries, les canons sont chargés, les boutefeux prêts à être allumés pour porter le feu aux canons. Dernier roulement de tambours, le branlebas est terminé : le combat commence. « Soyez parés partout » puis, « feu ! » et « feu à volonté ! » sont l'ordre et les commandements lancés au chef de la batterie par le capitaine.

Les canons dans un navire. Les pièces les plus lourdes sont situées dans la batterie basse.

Dernier affrontement de voiliers de haut-bord

A la bataille de Trafalgar, 1805 :

Il n'était pas dans les intentions des Espagnols d'engager une grande bataille navale. Si elle leur était imposée, ils entendaient tirer avantage de l'excellence de leurs soldats et de leurs navires de haut bord et n'accepter qu'un combat au corps à corps. Les Anglais voulaient, eux, tirer parti de la facilité de manœuvre de leurs navires pour se tenir à la distance maximum de tir. Se rapprocher eut été stupide. « Les navires espagnols, était-il dit dans un compte rendu maritime, sont d'une puissance admirable. » Il s'agissait donc de combattre au canon.

Olivier Warner

Sovereign of the Sea
1637

Commandé en 1634 par Charles Ier d'Angleterre, lancé en 1637, *Sovereign of the Sea*, « le roi de la mer », fut le plus grand voilier de son temps : il mesure 39 m à la quille et porte 100 canons. Trop lourd dans les hauts et navigant mal, son gréement préfigure pourtant celui qui équipera les vaisseaux jusqu'au milieu du XVIIe siècle.

Sa voilure toute blanche
Comme un sein gonflé se penche ;
Chaque mât, comme une branche,
Touche la vague en pliant.

Alfred de Vigny

Fameux bâtiment,
allez !
D'puis l'étambot
jusqu'aux huniers.
Il n'en est pas dans
l'arsenal
Qui puisse marcher
son égal :
Vent d'bout, il file au
mieux
Dix neuds.

Chanson de matelot

Le Soleil Royal

1669

Fanal de poupe du XVIIIe siècle.

La proue du *Soleil Royal*.

La flotte française se reconstitue sous l'impulsion de Colbert, pendant la seconde moitié du XVIIe siècle. Construit à Brest en 1669, *Le Soleil Royal*, vaisseau de ligne, symbolise l'apogée de l'art des sculpteurs et des charpentiers de navire par la richesse de ses ornements recouverts de feuilles d'or. La proue porte une sorte d'hippocampe, créature mythique mi-cheval, mi-poisson, chevauché par un angelot. Les figures de proue, statues en bois, témoignent de l'habileté des créateurs. Elle se manifeste magistralement à la poupe du *Soleil Royal* pourvue d'un balcon soutenu par quatre cariatides. Ces ornements disparaîtront ultérieurement car leurs aspérités retenaient les brûlots.

... les navires d'autrefois, tout pavoisés,
Dont la poupe était un palais aux cent fenêtres dorées,
Et que surmontait un Himalaya de toiles...

Valéry Larbaud

Le désastre des Cardinaux

Tentant de forcer le blocus anglais, en 1759, la flotte française est prise en chasse et en grande partie détruite près du phare des Cardinaux et devant le Croisic. Le vaisseau amiral, *le Soleil Royal*, périt incendié.

Fanal du XVIIe siècle.

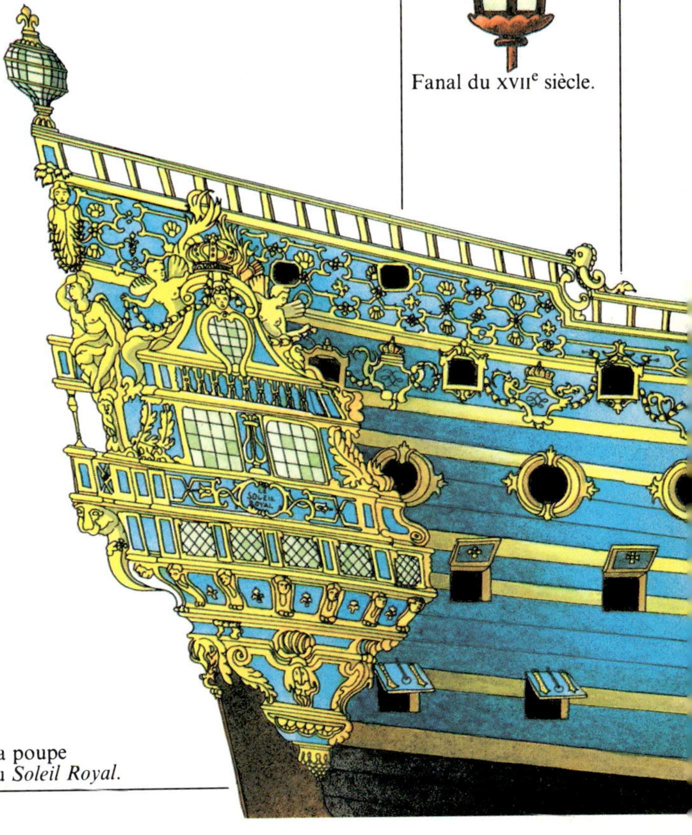

La poupe du *Soleil Royal*.

Victory
1765

Horatio, Lord Nelson (1758-1805). Il avait perdu un œil et un bras. Au cours d'une bataille, refusant de se rendre, il mit sa longue-vue sur son œil borgne et proclama : « Je ne vois plus les signaux. »

Victory est conservé à Portsmouth, en Angleterre.

Navire de ligne construit en 1765, *Victory* montre 102 canons répartis en trois batteries. Son équipage comprend 850 hommes. Long de 60 mètres, ce vaisseau amiral a déjà participé à de nombreuses batailles et fait figure de vétéran lorsque Nelson, qui vient d'être nommé commandant de la flotte britannique, monte à son bord.

Le 21 octobre 1805, la flotte franco-espagnole, groupée à Cadix, tente d'échapper au blocus anglais, au large de Trafalgar. Treize des navires franco-espagnols sont capturés, quinze autres démâtés, trois mille hommes tués. L'amiral Nelson meurt au cours du combat.

Le château arrière
du *Victory*.

En plein combat

Des boulets ont coupé des haubans, abattu des voiles. Des matelots tentent de réparer le gréement, d'autres de dégager le pont. Un canon, amené en toute hâte, est mis en batterie à l'aide de palans et de barres formant levier. Un officier crie ses ordres dans un porte-voix, un second, sur la dunette, indique comment établir une nouvelle voile, une vigie observe l'ennemi. La bataille fait rage.

Les Négriers

XVe-XIXe siècle

Pendant quatre siècles, les indigènes qui vivaient librement dans la brousse d'Afrique furent capturés, parqués puis, transportés par des marchands d'esclaves à travers l'Atlantique vers les Indes et l'Amérique. On estime que douze à quinze millions de « nègres » furent ainsi vendus.

Disposition des esclaves dans un Négrier vu en coupe.

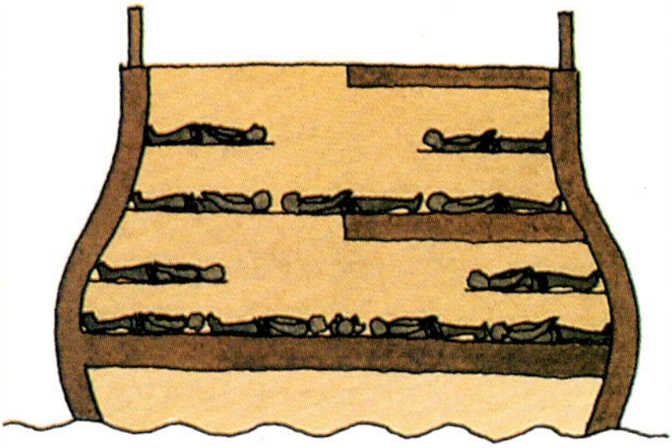

Un trafiquant enchaîne une esclave pour l'expédier en Amérique.

Des navires illicites

A partir de 1815, on interdit le commerce des esclaves. Aussi, le transport doit-il s'accomplir à bord de voiliers rapides, capables d'échapper aux garde-côtes. Ce sont, le plus souvent, des bricks, navires de 250 tonneaux, fins et manœuvrants, d'une largeur de cale toutefois suffisante pour recevoir leur chargement humain. Une autre nécessité consistait à ne pas posséder une quille trop profonde, afin que le navire puisse passer les barres et entrer dans les rivières d'Afrique pour y embarquer les esclaves.

L'*Ouragan*, navire négrier du XIXe siècle.

Comme des bêtes

L'embarquement donnait souvent lieu à des scènes dramatiques, les esclaves tentant d'échapper à leur sort, au besoin en se jetant à l'eau et en se noyant volontairement. Les hommes étaient marqués au fer rouge et enchaînés deux par deux, la cheville de l'un au poignet de l'autre.

Conditions de détention

Pour en loger le plus grand nombre possible, on disposait les esclaves « en cuiller », imbriqués les uns dans les autres. Deux fois par jour, ils montaient sur le pont pour y recevoir une soupe à base de riz, de fèves et de maïs et pour y prendre de l'exercice. Ils étaient arrosés deux fois par semaine. Tous les quinze jours, on leur rasait le crâne pour éviter les poux. Il était important en effet que la précieuse marchandise arrive en bon état et ne perde pas sa valeur marchande durant la traversée. Malgré ces précautions, un esclave sur dix mourait en route.

Répression à bord d'un Négrier

Après avoir mis leurs fesses en sang par les coups de fouet et les scarifications, nous leur mîmes de la poudre à tirer, du jus de citron, de la saumure, du piment, tout pilé et brassé ensemble avec une autre drogue que le chirurgien mit, et nous leur en frottâmes les fesses, pour empêcher que la gangrène s'y soit mise et de plus pour que cela leur eût cuit sur leurs fesses...

Gaston Martin

Dans la cale d'un brick négrier, on parvenait à entasser six cents « nègres ».

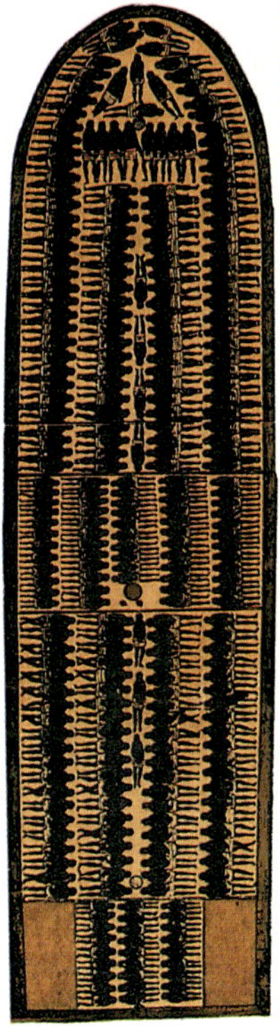

L'émigration vers le nouveau monde

1840

Chaque soir, ces compatriotes de Luther et de Mélanchton se rassemblaient sur le pont avant pour chanter et prier... Les yeux fermés, on se serait cru dans une cathédrale.

Herman Melville

Fuyant la misère et la malnutrition, des millions d'Européens, Irlandais notamment, paysans en quête de terres à exploiter ou aventuriers avides de grands espaces partent vers l'Amérique. Ce furent les pionniers qui fondèrent le Nouveau Monde.

Les baleiniers

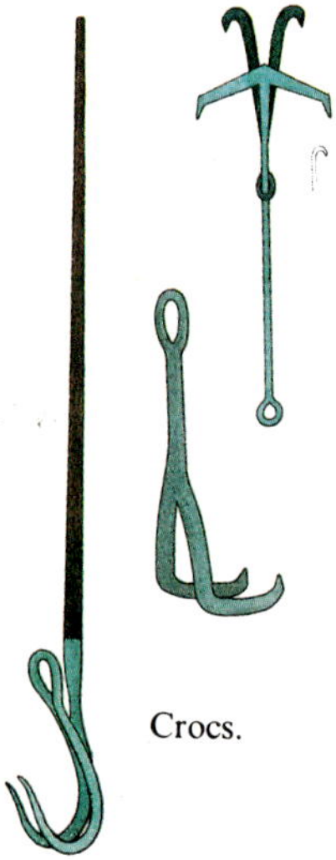

Crocs.

Dans leur recherche des grands cétacés, les navires-baleiniers effectuent des voyages de plusieurs années qui les mènent jusqu'en Antarctique et autour du monde. En haut du mât, dans un nid de pie, une vigie guette le panache d'écume qui signale l'animal,

Baleinier américain.

et crie alors : « Elle souffle ! » Aussitôt, on met les baleinières à la mer. La capture se fait au harpon. La baleine est ensuite amenée le long du navire, dépecée, et la graisse fondue dans des chaudières placées sur le pont. La première moitié du XIXe siècle vit l'apogée de la chasse à la baleine.

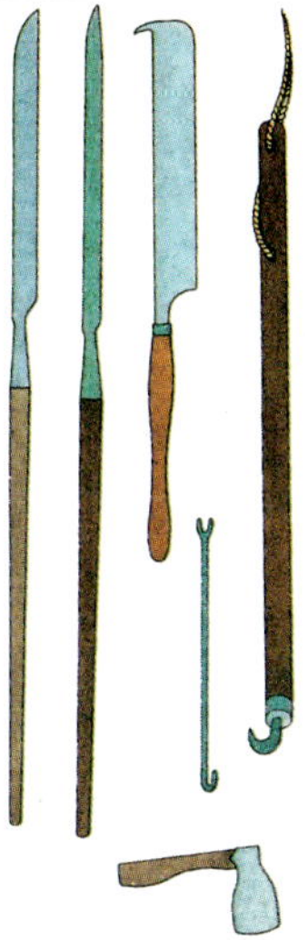

Couteaux à graisse.

On ne peut rencontrer, en mer, un navire-baleinier sans être frappé par sa seule apparence : sa voilure réduite, ses hommes en vigie, perchés au sommet des mâts, scrutant ardemment l'immensité. Le vaisseau offre une image toute différente de celle des bateaux qui effectuent une course normale.

Les pôles

Le baron Nils Adolf Nordenskjöld (1832-1901), le premier à avoir franchi le passage du nord-est.

Le passage du nord-est

Pour aller de la mer du Nord à l'océan Pacifique, la route la plus courte passe par le nord de la Russie. Mais la mer y est encombrée par les glaces presque en permanence. En 1878-1879, un navire suédois, *Véga*, parvient, en deux étés, à forcer ce passage qui se franchit de nos jours avec l'aide de brise-glaces.

Le baleinier *Véga* possède une coque en chêne robuste et une machine à vapeur de 60 ch.

Le passage du nord-est ouvert par Nordenskjöld.

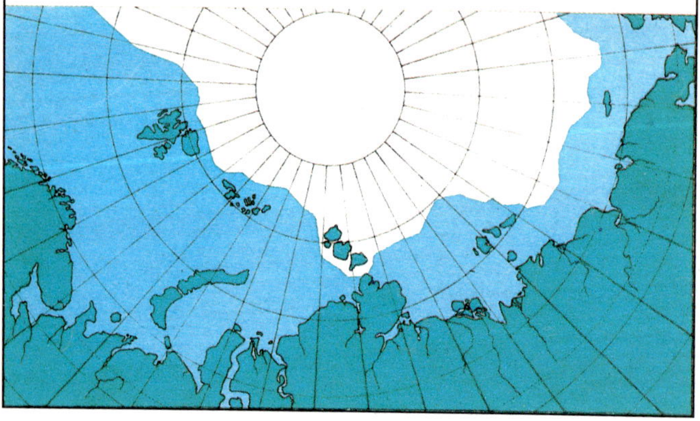

24 septembre. Quand la brume s'est levée, nous avons découvert que nous étions entourés de glace assez épaisse... La région est morte ; aucune vie nulle part, excepté un phoque et des traces récentes d'ours blanc.

Nansen

La banquise dérive

La calotte glaciaire qui constitue l'Arctique n'est pas immobile : sous l'effet des courants, les glaces se déplacent. Pour le vérifier, l'explorateur norvégien Nansen fait construire un voilier à coque ronde et renforcée qu'il laisse prendre dans les glaces. Le *Fram* dérive ainsi pendant trois ans, approchant à 500 kilomètres seulement du pôle Nord.

La coque du *Fram* est étayée de poutres et doublée de fer.

La dérive du *Fram* pris dans la banquise.

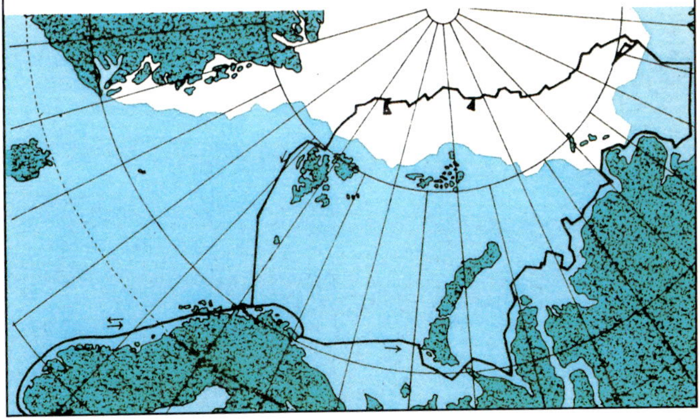

Les cap-horniers

Au début de ce siècle, 287 grands voiliers, à trois et quatre mâts, naviguaient sous pavillon français. Ce n'était qu'une partie de la flotte mondiale des cap-horniers. Ces navires de transport couraient les océans, transportant le charbon, les minerais, le bois. Un parcours classique partait d'Europe et doublait le cap Horn afin de charger le nitrate extrait dans les mines du Chili.

Figure de proue, 1860.

La voilure arrière longitudinale caractérise les trois-mâts ou les quatre-mâts barque, par opposition à un trois-mâts ou à un quatre-mâts carré.

Quatre-mâts barque *Archibald*.

Tableau arrière.

Nul n'est marin s'il n'a passé le cap Horn, disaient nos pères. Avec nos grands voiliers, lourdement chargés, auxquels on ne laissait que quelques pieds de franc-bord, ce qui mettait le pont à un mètre environ au-dessus de la surface des eaux en mer calme, on avait à traverser des parages où la hauteur des lames atteint des hauteurs de quinze à vingt mètres.

Louis Lacroix

Figure de proue, 1807. Très souvent, la statue fixée à l'étrave rappelait le nom du navire ou en était le symbole.

Les clippers

A l'origine, les clippers étaient des bâtiments anglais reliant Singapour à Macao et navigant contre la mousson du nord-est. Leur réputation de vitesse devenue proverbiale, on dénomma par la suite clipper, les navires de commerce (de quelque nature qu'ils soient) à bord desquels tout avait été conçu pour la rapidité.

Trois-mâts construits dans la seconde moitié du XIXe siècle pour le transport rapide de cargaisons essentiellement légères, les clippers faisaient le tour du monde pour aller chercher la laine en Australie. Ils réalisaient des performances étonnantes comme celle d'effectuer le trajet Le Havre-New York dans le mauvais sens, contre le vent, en 18 jours. Dans les années 1850, sur le tour d'Amérique en passant par le Horn, aucun vapeur ne pouvait rivaliser avec eux, tant sur le plan de la vitesse que sur celui du prix du transport du fret.

Le *Cutty Sark* réalisa une traversée record entre l'Australie et la Grande-Bretagne : 67 jours.

Il nous fallut, dans l'effroi
d'un roulis terrible, nous
cramponner des deux mains
à la vergue qui se balançait.

Joseph Conrad

La course du thé

En 1866, cinq clippers quittent ensemble la Chine. Celui qui le premier livrera la cargaison de thé frais obtiendra le meilleur prix. Après une formidable régate de quatre-vingt-dix-neuf jours, le premier distança le dernier d'environ douze heures.

Cette vergue semblait l'antichambre
de l'enfer ; nous y allâmes un par
un. L'extrémité libre de l'écoute en
chaîne volait follement, fouettant
l'air dans un sifflement sinistre ;
elle nous menaçait tous de mort.

Allan Villiers

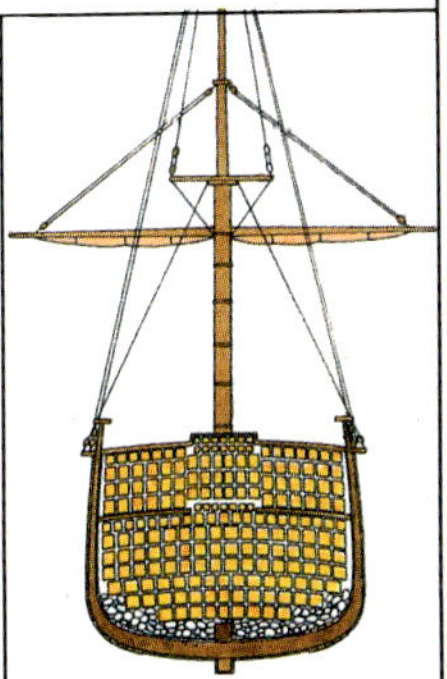

La cargaison de thé à bord d'un clipper.

Voyez ce vaisseau
génois
Tout blanc dans le jeu
de midi
Qui fuit à toutes voiles
vers le large
Et vers l'éclat de
l'Orient rose.

André Pieyre
de Mandiargues

Les voiles

Voilure d'un quatre-mâts barque

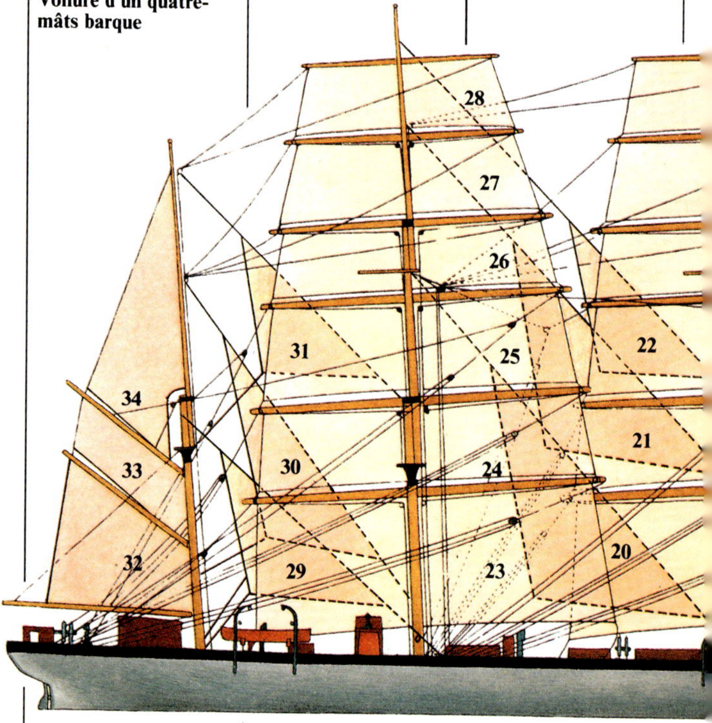

1/Clinfoc
2/Grand foc
3/Petit foc
4/Faux foc
5/Misaine
6/Petit hunier fixe
7/Petit hunier volant
8/Petit perroquet fixe

9/Petit perroquet volant
10/Petit cacatois
11/Grand-voile d'étai avant
12/Voile d'étai de grand perroquet avant
13/Voile d'étai de grand cacatois avant

14/Grand-voile avant
15/Grand hunier fixe avant
16/Grand hunier volant avant
17/Grand perroquet fixe avant
18/Grand perroquet volant avant

En trois coups de sifflet, les mâts s'étaient couverts de voiles comme un jouet se déploie au souffle du magicien...

Jacques Perret

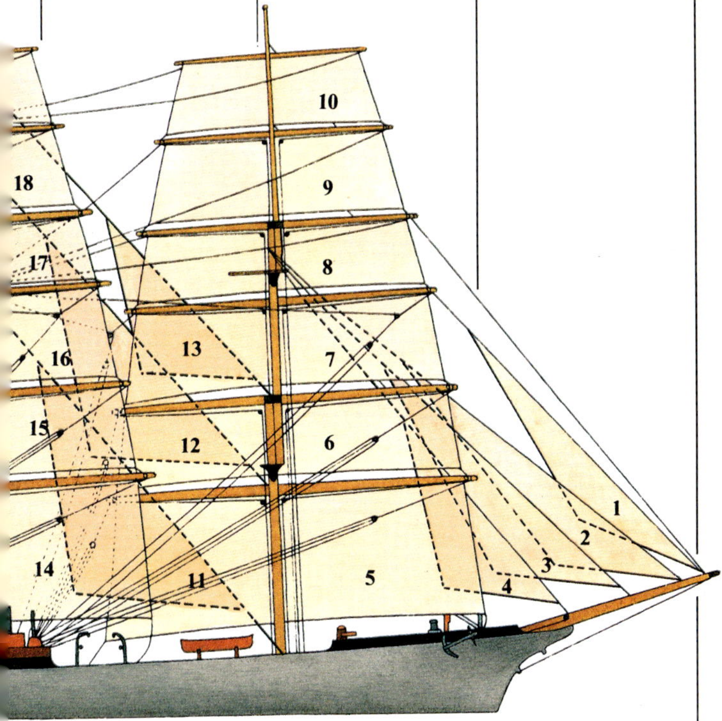

19/Grand cacatois avant
20/Grand-voile d'étai arrière
21/Voile d'étai grand perroquet arrière
22/Voile d'étai de grand cacatois arrière

23/Grand-voile arrière
24/Grand hunier fixe arrière
25/Grand hunier volant arrière
26/Grand perroquet fixe arrière
27/Grand perroquet volant arrière

28/Grand cacatois arrière
29/Foc d'artimon
30/Diablotin
31/Voile d'étai de flèche
32/Brigantine
33/Spanker supérieur
34/Flèche

Qu'elle était belle, ma Frégate,
Lorsqu'elle voguait dans le vent !
Elle avait, au soleil levant,
Toutes les couleurs de l'agate ;
Ses voiles luisaient, le matin,
Comme des ballons de satin ;
Sa quille mince, longue et plate,
Portait deux bandes d'écarlate
Sur vingt-quatre canons cachés ;
Ses mâts, en arrière penchés,
Paraissaient à demi couchés.
Dix fois plus vive qu'un pirate,
En cent jours du Havre à Surate
Elle nous emporta souvent.
– Qu'elle était belle, ma Frégate,
Lorsqu'elle voguait dans le vent !

Alfred de Vigny

Le petit lexique des grands voiliers

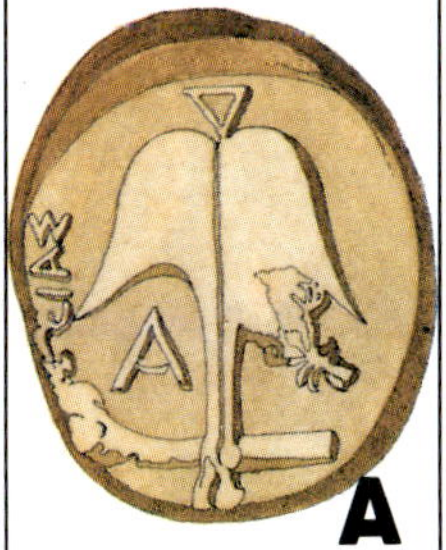

A

Accastillage
Dérivé de *castel*. Jadis les châteaux avant et arrière et leur décoration. Aujourd'hui, l'équipement de pont nécessaire à la manœuvre.

Armer
Préparer un navire pour une navigation.

B

Beaupré
Mât oblique prolongeant l'étrave du navire.

Bisquine
Navire de pêche à trois mâts gréés de plusieurs huniers, particulier à la région de Cancale.

Bâbord
Partie du navire située à gauche en regardant l'étrave.

Bonnette
Voile légère supplémentaire dressée par faible brise.

Brick
Navire à voile à deux mâts gréés de voiles carrées.

C

Cap de mouton
Bloc en bois percé de trous formant palan et servant à raidir le haubanage d'un navire.

Chatte
Ancre légère en forme de grappin servant à draguer le fond pour récupérer les filins ou les objets tombés à la mer.

Corvette
Petit bâtiment rapide, à trois mâts, servant d'éclaireur ou d'estafette.

Cotre
Voilier à un mât principal portant deux voiles d'avant, le foc et la trinquette.

D

Dalot
Trous percés dans un pont ou le pavois afin de laisser s'écouler l'eau.

Dundee
Bateau de pêche, d'origine écossaise, gréé en ketch.

Doris
Canot à fond plat embarqué sur les navires terre-neuvas et utilisé pour la pêche à la morue.

E

Ecoute
Filin servant à orienter une voile.

Encablure
Unité de mesure maritime équivalent à un dixième du mille marin, soit 185 mètres.

F

Faseyer
Battre sous l'effet du vent. Une voile insuffisamment bordée par son écoute faseye.

Ferler
Rouler une voile et la serrer sur une vergue, une bôme.

Franc-bord
Hauteur de la coque au-dessus de l'eau.

Frégate
Voilier de guerre à trois mâts et deux ponts, à carène fine, utilisé en couverture d'une flotte ou pour transmettre des messages.

G

Gabier
Matelot montant dans la mâture pour manœuvrer un voilier.

Galéasse
Puissante galère surchargée d'artillerie.

Godiller
Faire avancer un canot à l'aide d'un aviron placé à l'arrière et auquel on imprime des mouvements en forme de 8.

Goélette
Voilier à deux mâts dont le mât arrière est plus haut que le mât avant.

H

Hauban
Filin métallique soutenant la mâture. L'ensemble des haubans forme le gréement dormant.

Haussière ou **aussière**
Fort filin servant à amarrer ou à remorquer un navire.

Houari
Voile quadrangulaire portée à l'arrière d'un mât et dont l'extrémité supérieure est soutenue par une vergue oblique.

Hunier
Voile carrée fixée à une vergue, principalement sur les grands voiliers.

I

Inventaire
Liste détaillée de tout le matériel, équipement et vivres figurant à bord du navire.

J

Jangada
Radeau en bois léger, gréé d'une voile, utilisé par les pêcheurs du Brésil.

Jonque
Navire de pêche et de transport chinois et japonais gréé de voiles lattées.

K

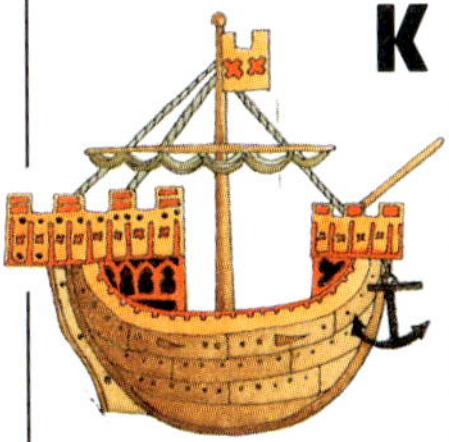

Ketch
Voilier à deux mâts, le mât arrière étant plus petit que le mât avant et situé devant la tête du gouvernail.

L

Largue
Allure dans laquelle un voilier reçoit le vent de trois quarts arrière.

Lofer
Modifier la route d'un voilier de façon à rapprocher l'étrave de la direction d'où vient le vent.

Lougre
Petit bâtiment à trois mâts utilisé pour la pêche et le transport le long des côtes. Appelé aussi « chasse-marée ».

M

Maître-bau
Plus grande largeur d'un navire.

Marchepied
Filin tendu sous une vergue sur laquelle les gabiers posent les pieds pour manœuvrer dans la mâture.

Mille marin
Unité de mesure d'une longueur de 1852 m, ce qui correspond à une minute de latitude. Du pôle à l'Equateur, il y a 90 degrés de chacun 60 minutes, soit 5400 mille marins.

Misaine
Mât le plus en avant d'un navire.

Mollir
Laisser filer une amarre, un filin. Pour une écoute, on dit plutôt « choquer ».

Mouiller
Jeter l'ancre. L'endroit favorable pour jeter l'ancre est un mouillage. On appelle aussi « mouillage » l'ancre et la chaîne d'un navire.

N

Nef
Navire à voile du Moyen Age, à coque arrondie, utilisé par exemple pour transporter les croisés vers la Terre Sainte.

Nœud
Amarrage de deux cordages ou d'un cordage à un point fixe. Les marins utilisent plusieurs nœuds dont chacun

correspond à un usage précis.

O

Œuvres mortes
Partie de la coque d'un navire située hors de l'eau.

Œuvres vives
Partie de la coque d'un navire située dans l'eau.

P

Pacha
Nom donné familièrement au commandant d'un navire.

Parer
Préparer un navire, un gréement et le rendre prêt à l'usage.

Paumelle
Pièce en cuir protégeant la paume de la main, utilisée par les artisans qui fabriquent ou réparent des voiles.

Portulan
Cartes marines dressées à partir du XIIIe siècle par les navigateurs de Venise et de Gênes.

Poulie
Pièce dans laquelle tourne un réa sur lequel passe un filin. Sert à modifier l'orientation de ce filin. La combinaison de plusieurs poulies constitue un palan et sert à diviser un effort.

Près
Allure qui consiste à faire avancer un voilier le plus près possible de l'axe du vent.

Q

Quart
Durée d'un tour de veille à bord d'un navire. Dans la marine, le quart dure quatre heures.

Quête
Inclinaison d'un mât vers l'arrière.

R

Raguer
Frotter en provoquant une usure. Une voile qui rague sur un hauban finit par se découdre ou se déchirer.

Ris
Système permettant de réduire la surface d'une voile.

Roulis
Mouvement d'un bateau d'un bord sur l'autre.

S

Sardinier
Grande chaloupe à deux mâts utilisée pour la pêche à la sardine.

Serrer
Ranger, ferler une voile. On dit aussi

« serrer le vent » lorsque le navire marche au plus près.

Sonde
Plomb fixé au bout d'une ligne étalonnée et servant à mesurer la profondeur de l'eau

T

Tangage
Mouvement du navire se balançant d'avant en arrière.

Tape-cul
Petite voile portée à l'arrière du bateau pour éviter qu'il ne tape sur l'eau et pour le stabiliser quand il y a houle.

Terre-neuva
Navire à deux ou trois mâts allant pêcher la morue sur les bancs de Terre-Neuve. Marin pratiquant cette pêche.

Thonier
Cotre à tape-cul utilisé pour pêcher le thon au moyen d'une ligne de traîne.

Tourmentin
Foc de petite dimension, très robuste, utilisé en cas de tempête.

Travers
Un vent de travers souffle perpendiculairement à l'axe du bateau.

Tribord
Partie d'un navire située à droite lorsqu'on regarde vers l'avant.

U

Umiak
Grand kayak non ponté utilisé par les eskimos.

V

Vaisseau
Grand navire à voile du xve au xixe siècles.

Vergue
Pièce de bois dite aussi « espar », fixée au mât, et soutenant une voile.

Virer
Changer de direction. Virer lof pour lof : changer de direction au vent arrière.

W

Wishbone
Double vergue enserrant une voile. Le gréement d'une planche à voile est à wishbone.

Y

Yankee
Foc étroit utilisé sur un cotre.

Yawl
Voilier de plaisance à deux mâts, le plus petit situé en arrière de la tête du gouvernail.

Z

Zaroug
Voilier arabe, à arrière élevé et à avant fin, gréé de deux voiles triangulaires similaires aux voiles latines.

Table des poèmes

6. Fernand Gregh, « Les mâts geignent sous les voiles » (Marine, *Couleur de la vie* Grasset-Fasquelle, 1927). **9.** Homère, « Ils dressèrent le mât »... *(L'Odyssée,* Chant IV, Trad. Médéric Dufour et Jeanne Raison, Garnier, 1961). **10.** Homère, « Et quand parut Aurore »... *(L'Odyssée,* Chant IV, Trad. Médéric Dufour et Jeanne Raison, Garnier, 1961). **11.** On dressa mâts et voilures »... *(L'odyssée,* Chant IV, Trad. Médéric Dufour et Jeanne Raison, Garnier, 1961). **22.** José Maria de Heredia, « De Palos, de Moguer, routiers et capitaines »... (Les Conquérants, *Les Trophées,* 1893). **23.** Victor Hugo « Oh ! combien de marins »... (Oceano nox, *Les Rayons et les Ombres,* 1836). **26.** Nazim Hikmet,« Allons-nous-en, mon frère » (Voyage à Barcelone sur le bateau de Yousouf l'Infortuné, *Anthologie poétique de N. Hikmet,* Les Editeurs Français Réunis, 1964). **27.** Blaise Cendrars, « Le portugais Pedro Alvarez Cabral »...*(Feuilles de routes,* Denoël, 1924). **31.** Jacques Grévin, « Ainsi voit on souvent »... *(Olimpe* XVIe siècle). **41.** Herman Melville, « Ils tenaient chacun à la main de vieux bouts de filin »... *(Benito Cereno,* Trad. Pierre Leyris, Gallimard, 1951). **43.** Elisabeth Goudge, « Chaque coque de chêne »... *(La colline aux gentianes,* Trad. Yvonne Girault, Plon, 1950). Herman Melville, « Sur les pavois de poulaine ternis »... *(Benito Cereno,* Trad. Pierre Leyris, Gallimard, 1951). **47.** Alfred de Vigny, « Sa voilure toute blanche »... (La Sérieuse, *Les Poèmes antiques et modernes,* 1822-1826). **49.** Valéry Larbaud, « Les navires d'autrefois, tout pavoisés »... (Océan indien, *Les Borborygmes, Les Poésies de A. O. Barnabooth,* Gallimard, 1948). **55.** Gaston Martin, *(L'ère des Négriers,* Félix Alcan, 1931). **57.** Herman Melville, « Chaque soir, ces compatriotes de Luther et de Mélanchton se rassemblaient »... *(Redburn,* Trad. Armel Guerne, Gallimard, 1978). **63.** Louis Lacroix, « Nul n'est marin »... *(Les derniers grands voiliers,* Emiot-Dumion). **65.** André Pieyre de Mandiargues, « Voyez ce vaisseau génois »... (Midi, *L'Age de craie,* Gallimard, 1961). **67.** Jacques Perret, « En trois coups de sifflet »... *(Le Vent dans les voiles,* Gallimard, 1948). **68.** Alfred de Vigny, « Qu'elle était belle, ma Frégate »... (La Sérieuse, *Les Poèmes antiques et modernes,* 1822-1826).

Table des matières

Biographie

Jean-Michel Barrault, Nantais de naissance et Malouin d'adoption, écrivain maritime couronné par l'Académie française et auteur d'une vingtaine d'ouvrages, journaliste nautique au *Figaro*, *Paris-Match*, *Neptune-Yachting*, jeune grand-père et navigateur avec, à son actif, un tour du monde et demi à la voile, et ce n'est pas fini...

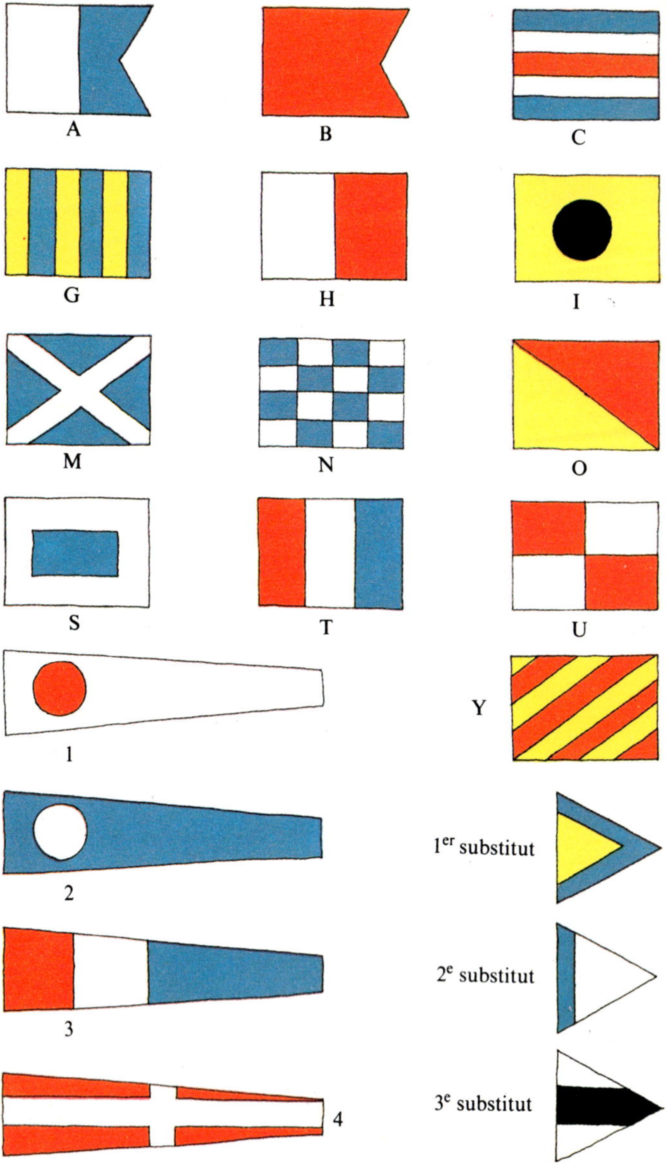
A
B
C
G
H
I
M
N
O
S
T
U
1
Y
2
1er substitut
3
2e substitut
4
3e substitut